Quod Enigma

Auseinandersetzung mit dem sog. "Geistheiler Sananda"

Quod Enigma

Auseinandersetzung mit dem sog. "Geistheiler Sananda"

Eine Provokationsschrift

Fromm Verlag

Imprint
Any brand names and product names mentioned in this book are subject to trademark, brand or patent protection and are trademarks or registered trademarks of their respective holders. The use of brand names, product names, common names, trade names, product descriptions etc. even without a particular marking in this work is in no way to be construed to mean that such names may be regarded as unrestricted in respect of trademark and brand protection legislation and could thus be used by anyone.

Cover image: www.ingimage.com

Publisher:
Fromm Verlag
is a trademark of
International Book Market Service Ltd., member of OmniScriptum Publishing Group
17 Meldrum Street, Beau Bassin 71504, Mauritius
Printed at: see last page
ISBN: 978-613-8-36579-2

Inhaltsverzeichnis:

II. Dogmatisches .... S. 17

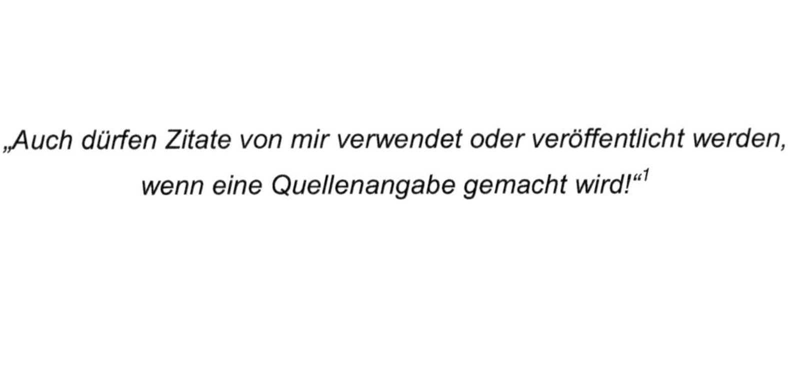

„Auch dürfen Zitate von mir verwendet oder veröffentlicht werden, wenn eine Quellenangabe gemacht wird!“[1]

[1] http://www.geistheiler-sananda.net/wissenswertes/

I. Autobiographisches:

1. Geburt:

„Ich wurde im eiskalten Jahrhundert-Januar 1963, im Zeichen des Wasser-Tigers, Aszendent Schlange, und als Wassermann, Aszendent Waage, und mit der Lebenszahl 8 (26), der Zahl Gottes, in Südwestdeutschland, Süd-Baden, nahe der Schweizer Grenze, und [n]ahe am Bodensee, geboren und lebe schon seit vielen Jahren in der Schweiz."[2]

„Der ehemalige Polizeibeamte, Finanz- und Marketingspezialist Oliver Michael Brecht wurde 1963 in Süddeutschland geboren, und lebt heute in der Schweiz. Er ist Sachbuchautor, Geistheiler, Hellseher, Exorzist und Medium zugleich. Mittlerweile avanciert er als Geistheiler Sananda zu einem der weltweit erfolgreichsten und bekanntesten Geistheiler unserer Zeit!"[3]

---

[2] https://www.geistheiler-sananda.net/heiler-sananda/

[3] http://www.xn--die-unglaubliche-wahrheit-ber-indigo-menschen-zxe.net/buchinhalt-band-i/

2. Kindheit:

„Schon als Kleinkind wurden mir meine Eltern genommen, und ich wurde mein Leben lang schwersten Prüfungen, Leiden, Drangsalen und Tyranneien ausgesetzt! Alles was mir lieb war, wurde mir genommen als Kind!“[4]

„Die ersten 2 Jahre meines Lebens verbrachte ich erst mal in einer Lungen-Klinik im Allgäu, alleine! Heimat- und hilflos wurde ich als Kind umher geschoben zu Pflegeeltern, die das Wort Pflege wohl missverstanden haben!“[5]

„Er durchlebte eine schwere Kindheit und Jugend, und vergrub erst aus Angst, und später aufgrund von Unwissenheit seine Fähigkeiten bis er dazu „gezwungen“ wurde, seine wirkliche Aufgabe wahrzunehmen.“[6]

---

[4] https://www.geistheiler-sananda.net/heiler-sananda/

[5] https://www.geistheiler-sananda.net/heiler-sananda/

[6] http://www.xn--die-unglaubliche-wahrheit-ber-indigo-menschen-zxe.net/buchinhalt-band-i/

3. Jugend:

„Meine Gro[ß]mutter schob mich ab, und meinen Onkel interessierte ich nicht, bis heute. Als Kind schon gab man mir das Gefühl unerwünscht und fehl am Platze zu sein! Ich musste dankbar sein, dass man mich nicht verhungern ließ, und ich in einem Bett schlafen durfte."[7]

„Prügel und Beschimpfungen durch psychopathische Pflegeeltern waren meine Gute Nacht Lieder! Mangel und Überlebenskampf waren normal für mich! Liebe, Geborgenheit und Sicherheit habe ich nicht gekannt! Meine beiden lieben Pflegeeltern haben sich dann auch noch beide erhängt."[8]

---

[7] https://www.geistheiler-sananda.net/heiler-sananda/
[8] https://www.geistheiler-sananda.net/heiler-sananda/

4. Privatleben:

„Es folgten eine Ehe mit späterer Scheidung und 3 Kinder daraus.“[9]

„Ich rannte dann meist `blind´ durch das Leben und war ohne klares Bewusstsein! Ein Grund dafür war …, dass ich ständig mit Problemen und Hindernissen zu kämpfen hatte und ständig abgelenkt war!“[10]

„Sicher habe ich auch viele Fehler gemacht in meinem Leben! Falsche Entscheidungen getroffen usw. Vielleicht auch anderen weh getan. Wenn man lange und oft genug provoziert wird, macht man eben Fehler und reagiert eben falsch!“[11]

---

9 https://www.geistheiler-sananda.net/heiler-sananda/
10 https://www.geistheiler-sananda.net/heiler-sananda/
11 https://www.geistheiler-sananda.net/heiler-sananda/

5. Berufsleben:

„Als ehemaliger Unternehmer in verschiedenen Bereichen der Finanzen und des Marketings war ich oft sehr erfolgreich, haben manchmal viel Geld verdient (leider nie lange am Stück), und doch musste ich oft ums Überleben kämpfen, da meist gleich darauf der ... Absturz kam! Und je mehr ich hatte, je höher ich stieg finanziell, desto tiefer fiel ich danach!“[12]

„Ich bemerkte immer wieder immense Widerstände und Angriffe gegen meine Person von Geschäftspartnern, ohne erkennbare sachliche Gründe, oder durch provozierte Gründe. Wichtige Verträge platzten direkt vor dem Abschluss usw. Dies zieht sich wie ein roter Faden durch mein Leben. Immer kurz vor dem letzten Schritt passierte irgendetwas!“[13]

„Meist zog ich mich dann enttäuscht und frustriert aus diesen Network Marketing Geschäften zurück (um dann später mangels Finanzen und Alternativen wieder in genau ähnliche Geschäfte einzusteigen, um dann genau das gleiche wieder zu erleben), und vergrub mich dann zuhause.“[14]

„Es lief immer gleich ab bei den Networt Marketing Unternehmen: Man wollte meine Vertriebsfähigkeiten, lockte mich an, lobte mich, unterstützte mich, pries mich an, und nach ein paar Monaten wendete sich das Blatt plötzlich. Die, die zuvor so nett zu mir waren

[12] https://www.geistheiler-sananda.net/heiler-sananda/
[13] https://www.geistheiler-sananda.net/heiler-sananda/
[14] https://www.geistheiler-sananda.net/heiler-sananda/

mochten mich auf einmal nicht mehr und attackierten mich! Man suchte nur noch Fehler an mir. Man ertrug mich nicht mehr!“[15]

„Es war dann irgendwann nicht mehr auszuhalten für mich, und ich hörte dann auf, oder ging zu keinen Veranstaltungen mehr! Meist *beendete ich dann von heut auf morgen die Tätigkeit und suchte wieder verzweifelt was [N]eues.“*[16]

„Anfangs dachte ich immer, die Angriffe haben mit der Art der Geschäfte zu tun, die ich 25 Jahre lang machte (Finanzen, Network Marketing, würde es heute zwar nicht mehr machen, bin aber dankbar, habe dadurch sehr viel gelernt über die Menschen), dass da besonders schlechte Menschen eben wären.“[17]

---

[15] https://www.geistheiler-sananda.net/heiler-sananda/
[16] https://www.geistheiler-sananda.net/heiler-sananda/
[17] https://www.geistheiler-sananda.net/heiler-sananda/

6. <u>Ruin:</u>

„Ich war ... allzu oft total ruiniert und pleite! Ich schlief auf dem nackten Boden ohne Möbel, und ohne Matratze! Habe mir einmal eine Luftmatratze gekauft und auf Augenhöhe mit meinem Hund geschlafen (ca. 1 Jahr lang), und habe mit ihm zusammen auf dem Boden gegessen!"[18]

„Wollte schon von einer Brücke springen (klappte aber nicht, ich wurde irgendwie zurückgehalten, stand damals unter Antidepressiva, und die haben das in mir ausgelöst)."[19]

„Heute weiß ich, dass es egal ist, was ich mache! ... Es ist schlichtweg egal, was ich mache, oder nicht mache, oder wie ich es mache! Ich werde früher oder später immer und überall angegriffen und bekämpft und verleumdet. Ob von Geschäftspartnern, von `Freunden´, von Bekannten, von Nachbarn, vom `anonymen´ Internet, oder sogar vom öffentlichen Fernsehen!"[20]

„Irgendwie habe ich einen Stempel auf der Stirn, wo draufsteht: <u>`Den hier kannst du beschimpfen, diffamieren und verleumden. Er ist an allem schuld, was passiert!´"</u>[21]

„In den letzten 30 Jahren musste ich 25 Mal umziehen (die lieben Nachbarn, oder kein Geld mehr für Miete) und habe etwa genau so

---

[18] https://www.geistheiler-sananda.net/heiler-sananda/
[19] https://www.geistheiler-sananda.net/heiler-sananda/
[20] https://www.geistheiler-sananda.net/heiler-sananda/
[21] https://www.geistheiler-sananda.net/heiler-sananda/

viele Autos verbraucht, da `seltsamerweise´ alles Autos von mir früher oder später kaputt gingen.“[22]

„Ich habe alles hinter mir, was man nur hinter sich haben kann an negativen Erfahrungen! Alle kann ich hier nicht aufführen, ... es würde den Rahmen sprengen. Ohne Arroganz möchte ich behaupten, dass es wenige gibt, die sich da nicht umgebracht hätten!“[23]

„Im Nachhinein glaube ich, hatte ich keine Woche am Stück, in der ich keine Existenzängste, oder Attacken gegen mich hatte.“[24]

„Nur weiß ich nun wenigstens, warum ich so ein schweres, hartes Leben führen muss, und ständig, jeden einzelnen Tag, mit immer wieder neuen Problemen konfrontiert werde, die mir `andere´ machen!“[25]

---

[22] https://www.geistheiler-sananda.net/heiler-sananda/
[23] https://www.geistheiler-sananda.net/heiler-sananda/
[24] https://www.geistheiler-sananda.net/heiler-sananda/
[25] https://www.geistheiler-sananda.net/heiler-sananda/

7. Überlebenskampf:

„Es ist und bleibt ein brutaler Überlebenskampf …“[26]

„Ich werde aber bis zu meinem letzten Atemzug meine Arbeit hier machen und weiter kämpfen, mich nicht beugen lassen!“[27]

„Ich habe zu viel erlebt, als das[s] mich noch etwas schockieren könnte.“[28]

„Nach anfänglichem Zögern und vorsichtigem „Probieren“ zeigte sich alsbald eine absolut neue und phantastische Welt voller feinstofflicher Wesen und wieder erlangten Fähigkeiten und Erinnerungen, welche Sananda – alias Oliver Michael Brecht – bis heute begleiten. Als Geistheiler konnte Sananda bisher tausenden von Menschen ein wichtiger Helfer sein.“[29]

---

[26] https://www.geistheiler-sananda.net/heiler-sananda/
[27] https://www.geistheiler-sananda.net/heiler-sananda/
[28] https://www.geistheiler-sananda.net/heiler-sananda/
[29] http://www.xn--die-unglaubliche-wahrheit-ber-indigo-menschen-zxe.net/buchinhalt-band-i/

8. Kräfte:

„Offensichtlich verbarg sich hinter meiner Lebens-Story etwas sehr Geheimnisvolles, was niemand entschlüsseln konnte!“[30]

„Mysteriöse Ereignisse in meinem direkten persönlichen Umfeld zwangen mich dann später dazu, tief in die spirituelle Welt einzutauchen, nachzuforschen, zu recherchieren und meine wahre, geistige Identität (Seele) und Bestimmung herauszufinden!“[31]

„Meine blockierten und lange manipulativ unterdrückten Fähigkeiten und Kräfte kamen buchstäblich ans Licht!“[32]

„Ich stellte erstaunt fest: Ich habe paranormale und geistige Kräfte!“[33]

„Meine Aufgabe ist es, einfach Licht zu sein, als Leuchtturm an der stürmischen Küste dieser Welt!“[34]

---

[30] https://www.geistheiler-sananda.net/heiler-sananda/
[31] https://www.geistheiler-sananda.net/heiler-sananda/
[32] https://www.geistheiler-sananda.net/heiler-sananda/
[33] https://www.geistheiler-sananda.net/heiler-sananda/
[34] http://www.geistheiler-sananda.net/blog-aktuell/ ***[MEIN BLOG! AKTUELLES MAI 2020]***

II. <u>Dogmatisches:</u>

1. <u>Offenbarung:</u>

„HALLO MEINE FREUNDIN, MEIN FREUND! HALLO LIEBE(R) SUCHENDE(R)! ICH BIN SANANDA! ICH GRÜSSE DICH! Dies ist mein Name in der spirituellen Welt! Ich bin eine geborene Indigo Seele, eine Ur- und Schöpferseele, ein inkarniertes höchstes Lichtwesen aus der 13. Dimension, und ein Medium. ... ich bekomme `Inputs´ und `Visionen´, und habe einen direkten Zugang zur Akasha, zu allem Wissen."[35]

„Au[ß]erdem bin ich gerade am Übergang zwischen der 13. und 14. Dimension. Ich bin eigentlich gar kein Lichtwesen mehr, sondern was darüber. Wie ich das darüber nennen muss oder soll, wei[ß] ich noch nicht! Mir wurde mitgeteilt, dass es kein höher schwingendes Lebewesen derzeit auf Erden gibt."[36]

„<u>Ich schwinge ... im Sonnenlicht-Bereich.</u>"[37]

„Meine Schwingungen werden immer weiter steigen!"[38]

„<u>Schwinge nun im Schnitt über ... 12 Mill[i]onen Boviseinheiten hoch!!</u>"[39]

---

[35] https://www.geistheiler-sananda.net/heiler-sananda/
[36] http://www.geistheiler-sananda.net/geistheilen/
[37] http://www.geistheiler-sananda.net/geistheilen/
[38] http://www.geistheiler-sananda.net/geistheilen/

2. Theologisches:

„… eine Garantie gibt es für gar nichts im Leben! Nur eines ist garantiert: Es gibt einen Gott!“[40]

„… ich sage …, dass es Wunder gibt! Und das[s] es einen Gott gibt! Und das kann mir keiner verbieten zu sagen!“[41]

„Eine Reinigung und Heilung ist immer eine Chance von Gott, Dinge zu erkennen, und einen Neubeginn zu starten, um sein Lebensziel doch noch zu erreichen!“[42]

„Gott ist das Licht, und Gott ist mit dir!“[43]

„Gott (deine eigene Göttliche Seele, dein Höheres Selbst!) [ist] (sind) die letzte Instanz!“[44]

„Wenn der göttliche Plan (dein Seelenplan!) es vorsieht, wird alles gut werden …!“[45]

„… ich versuche mit Gottes Hilfe Menschen und Tiere zu heilen!“[46]

„Die Wahrheit muss nicht kämpfen. Sie ist!“[47]

---

39 http://www.geistheiler-sananda.net/geistheilen/
40 http://www.geistheiler-sananda.net/wissenswertes/
41 http://www.geistheiler-sananda.net/geistheilen/
42 http://www.geistheiler-sananda.net/geistheilen/
43 http://www.geistheiler-sananda.net/wissenswertes/
44 http://www.geistheiler-sananda.net/geistheilen/
45 http://www.geistheiler-sananda.net/geistheilen/
46 http://www.geistheiler-sananda.net/blog-aktuell/

„In meinen Büchern und auf meiner Webseite steht die Wahrheit, und nichts als die Wahrheit, so wahr mir Gott helfe!“[48]

„Es gibt nur eine einzige Wahrheit! So wie es nur einen Schöpfer von allem was ist gibt! Und nur diesem bin ich verpflichtet! Und nur diesem diene ich! ... nur ER, Vattermuttergott, hat das letzte Wort hier auf Erden! ... Gott ist die einzige Wahrheit!“[49]

„Ich bin, der ich bin.“[50]

„`Ein göttliches Bewusstsein lebt und verkörpert Ehrlichkeit, Wahrheit, Fairness, Verständnis, Nachsicht, Liebe, Gerechtigkeit, Wahrhaftigkeit, Großzügigkeit, Toleranz, Großherzigkeit, Weisheit, Mut, Respekt, Hingabe, Dankbarkeit, Hilfsbereitschaft´ (Geistheiler Sananda)“[51]

---

[47] http://www.geistheiler-sananda.net/wissenswertes/
[48] https://www.geistheiler-sananda.net/heiler-sananda/
[49] http://www.geistheiler-sananda.net/blog-aktuell/
[50] https://www.geistheiler-sananda.net/heiler-sananda/
[51] http://www.geistheiler-sananda.net/blog-aktuell/

3. Christologisches:

„Johannes 15: `So euch die Welt haßt, so wisset, daß sie mich vor euch gehaßt hat. Wäret ihr von der Welt, so hätte die Welt das Ihre lieb; weil ihr aber nicht von der Welt seid, sondern ich habe euch von der Welt erwählt, darum haßt euch die Welt. Gedenket an mein Wort, das ich euch gesagt habe: >Der Knecht ist nicht größer denn sein Herr.< Haben sie mich verfolgt, sie werden auch euch verfolgen: haben sie mein Wort gehalten, so werden sie eures auch halten. Aber das alles werden sie euch tun um meines Namens willen; denn sie kennen den nicht, der mich gesandt hat. Wenn ich nicht gekommen wäre und hätte es ihnen gesagt, so hätten sie keine Sünde; nun aber können sie nichts vorwenden, ihre Sünde zu entschuldigen. Wer mich haßt, der haßt auch meinen Vater. Hätte ich nicht die Werke getan unter ihnen, die kein anderer getan hat, so hätten sie keine Sünde; nun aber haben sie es gesehen und hassen doch beide, mich und den Vater. Doch daß erfüllet werde der Spruch, in ihrem Gesetz geschrieben: >Sie hassen mich ohne Ursache.<´“[52]

„Der Weg des geringsten Widerstands ist NICHT der Jesusweg! DIE ZUKUNFT GEHÖRT DEN MUTIGEN! Denen, die keine Rücksicht auf sich selbst nehmen, um die Wahrheit ZU LEBEN!“[53]

---

[52] https://www.geistheiler-sananda.net/blog-aktuell/
[53] http://www.geistheiler-sananda.net/wissenswertes/

„Wir Indigos, und auch einige positive Sternensaaten, sind auf dem Jesusweg! Werden verspottet, bekämpft, verhöhnt und als böse Lügner und Gotteslästerer dargestellt!“[54]

„Die Denunzianten aus Jesus Zeiten und der Inquisition sind wieder unter uns (Reinkarnation)! ... Ich sage nur: Zersetzung! Mobbing! MindControl!“[55]

„Die Denunzianten und Hetzer, die Pharisäer, sind alle noch immer (wieder = Reinkarnation!) unter uns!“[56]

„Was haben [s]ie mit JESUS gemacht? Sie würden es heute wieder so tun!!“[57]

„Meine Schwingung ist ... ein Schutz für alle Menschen, die den Jesusweg gewählt haben in dieser Inkarnation! ... je höher DU schwingst, desto stärker die Angriffe gegen DICH!“[58]

„Auf alle, die auf dem Jesusweg wandeln! Es ist ein steiniger Weg, aber nur er führt hier heraus!“[59]

„Aufstieg ist ... nichts für Feiglinge!“[60]

---

[54] https://www.geistheiler-sananda.net/heiler-sananda/
[55] https://www.geistheiler-sananda.net/heiler-sananda/
[56] https://www.geistheiler-sananda.net/heiler-sananda/
[57] https://www.geistheiler-sananda.net/heiler-sananda/
[58] http://www.geistheiler-sananda.net/geistheilen/
[59] http://www.geistheiler-sananda.net/blog-aktuell/
[60] http://www.geistheiler-sananda.net/geistheilen/

4. Pneumatologisches:

„Seit meinem spirituellen, besser gesagt göttlichen Erwachen durch ein einschneidendes Ereignis der DRITTEN ART, meiner Einweihung und Erleuchtung, sehe und spüre ich Energien und Wesen, die andere Menschen nicht sehen oder spüren können! Von deren Existenz sie nicht einmal etwas ahnen, geschweige denn wissen, oder die sie abstreiten!"[61]

„Ich kann in andere Welten und Dimension[en] Kontakt aufnehmen, und von dort Informationen und Botschaften erhalten."[62]

„… ich [kann] die Gefühle anderer Menschen und Tiere spüren und wahrnehmen, und fühle sie, als wären es meine. Man nennt das Empath!"[63]

„Kosmische, göttliche Heilenergien (Christusenergie oder Photonenenergie) DES UNIVERSUMS kann ich mit meinen Fähigkeiten aus der Ferne zu allen Menschen und Tieren leiten!"[64]

„Genau genommen hatte ich diese paranormalen Gaben schon seit Geburt! Als Kind schon war ich hellsichtig. Doch dann wurden meine paranormalen Fähigkeiten lange von der Dunkelheit blockiert, durch Traumata und Blockaden, und eben erst später – aufgrund meines

61 https://www.geistheiler-sananda.net/heiler-sananda/
62 https://www.geistheiler-sananda.net/heiler-sananda/
63 https://www.geistheiler-sananda.net/heiler-sananda/
64 https://www.geistheiler-sananda.net/heiler-sananda/

`zwangsweise wiedererlangten´ Bewusstseinszustandes – reaktiviert!“[65]

[65] https://www.geistheiler-sananda.net/heiler-sananda/

5. Anthropologisches:

„Jeder Mensch hat ein individuelles Schicksal, dem keiner entfliehen kann."[66]

„… wir sind alle kosmisch vernetzt miteinander!"[67]

„In Wahrheit SIND WIR ENERGIE! Und wir können nur das anderen geben, was wir in Wahrheit selbst sind!"[68]

„Ich grüße … alle meine Sternengeschwister! Ich liebe euch!"[69]

„Allen die das nicht glauben, und nicht verstehen, was ich hier schreibe, und darüber lachen, oder ungläubig den Kopf schütteln, wünsche ich baldiges Erwachen, und tiefgreifende Erkenntnisse, über ihr wahres Sein!"[70]

„Merkt denn niemand, wie verdreht die Menschheit ist?"[71]

„Die Menschheit entwickelt sich rückwärts!"[72]

„Wie nieder ist die Menschheit eigentlich?"[73]

---

[66] http://www.geistheiler-sananda.net/wissenswertes/
[67] https://www.geistheiler-sananda.net/heiler-sananda/
[68] https://www.geistheiler-sananda.net/geistheilen/
[69] https://www.geistheiler-sananda.net/heiler-sananda/
[70] https://www.geistheiler-sananda.net/heiler-sananda/
[71] https://www.geistheiler-sananda.net/heiler-sananda/
[72] https://www.geistheiler-sananda.net/heiler-sananda/
[73] http://www.geistheiler-sananda.net/blog-aktuell/

„Es ist kein Miteinander, es ist ein Gegeneinander!“[74]

„Wir kennen das ja alles. Die Menschen haben nichts dazugelernt!“[75]

„Die Menschen müssen lernen zu unterscheiden. Wenn sie das nicht können, sind sie verloren!“[76]

„[Wir] sollten alle nun aktiv werden, und das jetzige Weltbild verändern! Indem jeder sich selbst verändert, Verantwortung übernimmt für sein Leben, und diese nicht mehr abgibt an andere, mitsamt seiner Stimme, und seinem Gesicht!“[77]

„Gott hat … den FREIEN WILLEN eingeführt!“[78]

„Die Menschen mögen es nicht, wenn man ihnen knallhart und direkte die ungeschminkte Wahrheit sagt! Das rüttelt sie innerlich auf … [d]amit kann deren Ego dann nicht umgehen …“[79]

„Sie schmei[ß]en mit Steinen nach der Wahrheit …“[80]

„Es gibt für alles eine Erklärung, man muss es nur wissen.“[81]

---

[74] http://www.geistheiler-sananda.net/blog-aktuell/
[75] https://www.geistheiler-sananda.net/heiler-sananda/
[76] https://www.geistheiler-sananda.net/heiler-sananda/
[77] http://www.geistheiler-sananda.net/blog-aktuell/
[78] http://www.geistheiler-sananda.net/blog-aktuell/
[79] http://www.geistheiler-sananda.net/blog-aktuell/
[80] http://www.geistheiler-sananda.net/blog-aktuell/
[81] http://www.geistheiler-sananda.net/wissenswertes/

"Blog der Wahrheit Aktuell: Ich beziehe mich bei der Unterhaltung meiner Webseite auf die Schweizerische Bundesverfassung: Art. 16 Meinungs- und Informationsfreiheit: 1 Die Meinungs- und Informationsfreiheit ist gewährleistet. 2 Jede Person hat das Recht, ihre Meinung frei zu bilden und sie ungehindert zu äussern und zu verbreiten. 3 Jede Person hat das Recht, Informationen frei zu empfangen, aus allgemein zugänglichen Quellen zu beschaffen und zu verbreiten."[82]

„Die Dunkelheit hat schon immer alles verdreht und die (meisten) Menschen haben schon immer die falschen angebetet! Sie würden Gott nicht erkennen, wenn er vor ihnen stünde, und würden ihn wieder kreuzigen."[83]

„Ich kann dir heute sagen, wie du dich gegen all das schützen kannst, damit dir nichts, aber auch gar nichts mehr von denen was anhaben kann!!"[84]

„Lichtvolle Menschen kämpfen nicht GEGEN andere Menschen! Sie setzen sich FÜR ETWAS ein, ohne andere dabei zerstören zu wollen! Sie handeln in Liebe!"[85]

„Ich sehe mich ... als Lernenden und Suchenden auf dem Heimweg! Wir ALLE sind gleichzeitig Lehrer und Schüler! Ich sehe mich ... hauptsächlich als Wahrheits-Sucher und Verkünder, und als

---

[82] http://www.geistheiler-sananda.net/blog-aktuell/
[83] https://www.geistheiler-sananda.net/heiler-sananda/
[84] https://www.geistheiler-sananda.net/heiler-sananda/
[85] https://www.geistheiler-sananda.net/heiler-sananda/

Pfadfinder, als Lotse, der dich befreit von den Fesseln der Materie, und zurück nach Hause bringt! Dahin wo DU hergekommen bist!"[86]

„Ich werde nicht jeden Menschen retten und ihm helfen können!"[87]

„Informiere dich selbst, such selbst nach der Wahrheit! Es ist alles bekannt, die Informationen sind alle vorhanden, man muss sie nur SUCHEN und finden!"[88]

„Ich meine, jeder Mensch muss selbst herausfinden, zu was ihn seine Intuition drängt! Und jeder hat seine eigene Rolle in dem ganzen gro[ß]en Spiel hier! Nicht jeder muss heilen oder hellsehen können! Und nicht jeder muss demonstrieren gehen! Wir müssen auf verschiedenen Ebenen agieren, zum Wohle Aller! Zu Ehren Gottes!"[89]

„Es geht um die Zukunft der Menschheit! Um Sein oder Nichtsein! Wenn die Menschen JETZT nicht durchziehen mit ihrer Rebellion, dann sind sie verloren!"[90]

„Ich habe mehrfach gesagt und geschrieben, was kommen wird, wenn die Menschheit nichts tut! Dann ist euer Schicksal besiegelt! ... dann MÜSSEN höhere Kräfte einschreiten!"[91]

---

[86] https://www.geistheiler-sananda.net/heiler-sananda/
[87] https://www.geistheiler-sananda.net/heiler-sananda/
[88] https://www.geistheiler-sananda.net/heiler-sananda/
[89] http://www.geistheiler-sananda.net/blog-aktuell/
[90] http://www.geistheiler-sananda.net/blog-aktuell/
[91] http://www.geistheiler-sananda.net/blog-aktuell/

„Die Menschen müssen das nun beenden! Jetzt! Steht auf und zeigt euer Gesicht! Wir müssen das jetzt beenden!“[92]

„Es geht um das gemeinsame Ziel! Es geht um alles! Es muss egal sein, was für eine Hautfarbe du hast, welche Religion du hast, was du beruflich tust! Wir müssen alle an einem Strang ziehen!“[93]

„`Der beseelte gutherzige Mensch, der zurück zu Gott will, in eine schöne, bessere Welt, steht immer einmal mehr auf, wie er durch die Dunklen auf den Boden gedrückt wurde!´ (Geistheiler Sananda)“[94]

---

[92] http://www.geistheiler-sananda.net/blog-aktuell/
[93] http://www.geistheiler-sananda.net/blog-aktuell/
[94] http://www.geistheiler-sananda.net/blog-aktuell/

6. Leib und Seele:

„Wir sind hier in der Materie inkarniert um gewisse Aufgaben zu erfüllen! ... Wir sind hier, um die Materie zu überwinden!“[95]

„Und diese Materie kann uns vor gewaltige Herausforderungen stellen! Und wir haben diese zu meistern!“[96]

„Wenn du dich nicht um das Au[ß]en kümmerst, kümmert sich das Au[ß]en um dich!“[97]

„Es nützt nichts, alles zu ignorieren!“[98]

„... wir sind hier, um die Aufgaben zu meistern, die uns das Leben stellt! Nicht, um uns aus allem rauszuhalten, und uns um nichts zu kümmern!“[99]

„... es [gibt] im nächsten Leben wieder eine Chance, die Botschaften zu verstehen! Weil, die werden dort weitergehen, wo sie jetzt aufgehört haben! Krankheiten sind Chancen, sein Leben zu ändern, sich zu läutern, und ein besserer Mensch zu werden! Sie helfen dir, deinen Lebensplan zu erkennen! Es geht darum, dir zu helfen! Krankheiten sind nicht `böse´! Sie sollen dir dienen! Erkenne wer du bist!“[100]

---

95 http://www.geistheiler-sananda.net/blog-aktuell/
96 http://www.geistheiler-sananda.net/blog-aktuell/
97 http://www.geistheiler-sananda.net/blog-aktuell/
98 http://www.geistheiler-sananda.net/blog-aktuell/
99 http://www.geistheiler-sananda.net/blog-aktuell/
100 http://www.geistheiler-sananda.net/wissenswertes/

„Wenn WIR nichts verändern hier, WER DANN? Die leeren Hülsen da drau[ß]en sicher nicht!“[101]

„WIR sind es, die hier etwas bewegen sollen!“[102]

„Wir sind hier, um Gott hier zu vertreten, nicht, um uns schön rauszuhalten!“[103]

„`Jede Krankheit entsteht im Geist, und ist auch nur geistig zu beheben!´(Geistheiler Sananda)“[104]

---

[101] http://www.geistheiler-sananda.net/blog-aktuell/
[102] http://www.geistheiler-sananda.net/blog-aktuell/
[103] http://www.geistheiler-sananda.net/blog-aktuell/
[104] http://www.geistheiler-sananda.net/blog-aktuell/

7. Engel und Dämonen:

„Die Geistige Welt und Gott wollen nicht, dass wir bettelarm sind und leiden! Das wollen die Dunklen, die negativen Menschen! Darum sabotieren sie ständig unsere Arbeit, ziehen uns durch den Dreck, wo immer es nur möglich ist! Weil die Wahrheit soll ja nicht ans Licht kommen!!“[105]

„Und es ist auch nicht im Sinne der Dunklen, dass viele Menschen geheilt und von Besetzungen befreit werden, und aufwachen!“[106]

„Euer Ego wei[ß] nichts von eurem wahren Sein!“[107]

„Indigos sind hoch entwickelte Seelen, in Menschen inkarnierte Lichtwesen die nicht zur Läuterung hier sind! Indigos sind freiwillig in diese Niederungen inkarniert um zu helfen!“[108]

„[Indigos] werden von den Dunklen gejagt, verfolgt, bekämpft und drangsaliert auf diesem Planeten! Über die Ebene der Materie und auch astral! Von Leben zu Leben! In jeder Reinkarnation, immer wieder!“

„Die gelenkte, manipulierende LÜGENPRESSE und ihre manipulierten Lügenjournalisten, und das manipulierte Internet, haben den Auftrag, jegliche ECHTE Spiritualität UND

---

[105] https://www.geistheiler-sananda.net/heiler-sananda/
[106] http://www.geistheiler-sananda.net/wissenswertes/
[107] http://www.geistheiler-sananda.net/blog-aktuell/
[108] https://www.geistheiler-sananda.net/heiler-sananda/

SYSTEMGEGNER, ALSO WAHRHEITSKÄMPFER, zu bekämpfen!"[109]

„Die Drahtzieher sind ganz andere, und die wissen genau, warum sie Leute wie mich und viele andere, die dem Licht zuarbeiten, bekämpfen lassen!"[110]

„Alles Gute und nicht System konforme wird rigoros bekämpft, lächerlich gemacht, verspottet, unglaubwürdig gemacht!"[111]

„... die, die echt sind, werden gnadenlos verleumdet und bekämpft von den Horden dieser dunklen `Spirituellen´."[112]

„Das Licht wird von der Dunkelheit vorgeführt!"[113]

„Die Motten werden vom Licht angezogen sagt man. In Wirklichkeit ist es so, dass die Motten sich vom Licht angegriffen fühlen, es als eine Gefahr ansehen, weil es sie blendet, und dann auf das Licht losgehen, um es vehement immer wieder zu attackieren. Nur schaffen sie es nicht, das Licht auszulöschen, da es zu hell und zu stark strahlt!"[114]

„Bei den ständigen, hartnäckigen Versuchen das Licht zum Erlöschen zu bringen, kommen die meisten Motten eben genau

---

[109] https://www.geistheiler-sananda.net/heiler-sananda/
[110] https://www.geistheiler-sananda.net/heiler-sananda/
[111] https://www.geistheiler-sananda.net/heiler-sananda/
[112] https://www.geistheiler-sananda.net/heiler-sananda/
[113] http://www.geistheiler-sananda.net/blog-aktuell/
[114] https://www.geistheiler-sananda.net/heiler-sananda/

darin um, und sterben vor Erschöpfung, vor Energiemangel, und verbrennen dann im Licht!“[115]

„Sie machen sich selbst kaputt früher oder später, mach dir keine Sorgen!“[116]

„Ich brauche diese Zerstörer nicht! Ich wei[ß] auch so, dass ich Licht bin! Das Licht braucht die Dunkelheit nicht! Aber die Dunkelheit braucht das Licht! Ohne das Licht haben SIE keine Energie! SIE leben nur von unserer Energie!“[117]

„Mir tun alle Dunklen so langsam leid! Weil sie nicht wissen, was Liebe ist. Sie sind getrennt von Gott!“[118]

---

[115] https://www.geistheiler-sananda.net/heiler-sananda/
[116] https://www.geistheiler-sananda.net/heiler-sananda/
[117] http://www.geistheiler-sananda.net/blog-aktuell/
[118] https://www.geistheiler-sananda.net/heiler-sananda/

8. Zur Lehre vom Teufel:

„Das Böse ist überall!“[119]

„Das ist die Masche des organisierten Bösen! SIE MACHEN IMMER DAS OPFER ZUM TÄTER!“[120]

„Dieses System gibt es seit unglaublich langer Zeit. Nur hat sich die Art und Weise verändert, die Technik!“[121]

„Früher hat man uns an den Pranger gestellt, gesteinigt, gekreuzigt, verbrannt und geköpft, heute werden wir verleumdet, bestrahlt mit Skalarwaffen, elektromagnetischen Waffen, Mikrowellenwaffen und Psychotronischen Waffen (E-Waffen) u.a. (Brummton, Juckreiz, Tinnitus, Kopfdruck, Nackenschmerzen, Organvibrationen) vergiftet übers Essen und mit Chemtrails, unsichtbar gefoltert und bei jedem Schritt blockiert, überwacht und verfolgt!“[122]

„Es gibt seit Jahrhunderten Geheimorganisationen, die nichts anderes machen, als uns zu jagen, zu provozieren, zu drangsalieren, zu gefährden, zu beleidigen, zu bedrohen, zu benachteiligen, zu schädigen und mehr …“[123]

---

119 https://www.geistheiler-sananda.net/heiler-sananda/
120 https://www.geistheiler-sananda.net/heiler-sananda/
121 https://www.geistheiler-sananda.net/heiler-sananda/
122 https://www.geistheiler-sananda.net/heiler-sananda/
123 https://www.geistheiler-sananda.net/heiler-sananda/

„Die unteren Mitglieder der Geheimorganisationen verdienen sich durch das JAGEN ihre Sporen, wissen nicht mal, warum sie das machen!“[124]

„Alles organisiert und geplant von den astralen 4D Dunkelmächten in Zusammenarbeit mit den 3D Geheimorganisationen! Um uns finanziell, nervlich, körperlich und seelisch zu zerstören! Um die Reputation von Menschen wie mir (und dir?) zu vernichten! Unsere Würde zu zerstören, die Glaubwürdigkeit, einfach alles! Uns auszuschalten!“[125]

„Kämpfen muss nur die Lüge!“[126]

„Die Weltverschwörung ist nicht auf den Mainstream begrenzt.“

„Sie haben alles unter Kontrolle! Und es werden Lügen und Halbwahrheiten verbreitet ohne Unterlass. Schon immer!“[127]

„Dahinter stecken Gruppierungen und Sekten, die Menschen `ausbilden´ mit Irrlehren, um die Menschheit in die Irre zu führen. Diese sind mafiös organisiert. Dahinter stehen die gleichen Kräfte, die auch die Welt regieren!“[128]

---

124 https://www.geistheiler-sananda.net/heiler-sananda/
125 https://www.geistheiler-sananda.net/heiler-sananda/
126 https://www.geistheiler-sananda.net/heiler-sananda/
127 https://www.geistheiler-sananda.net/heiler-sananda/
128 https://www.geistheiler-sananda.net/heiler-sananda/

„Gut sind sie die Dunklen, das muss man [i]hnen lassen! Sie verdrehen wirklich alles und verwirren die Menschen enorm!“[129]

„Ich muss damit leben, ... das die Erde (NOCH) von der Dunkelheit regiert wird. Demzufolge haben es lichtvolle Seelen sehr schwer auf diesem Planeten zu leben, und zu überleben!“[130]

„Die Herrschaft der Dämonen (Reptos) neigt sich ihrem Höhepunkt zu! Ihr werdet es merken!“[131]

„Die ganze Welt ist verseucht von diesen Despoten, die sich für Gott halten, und meinen uns wie Vieh behandeln zu müssen!“[132]

„Die Seelenlosen leiten und führen diese Welt hier, direkt in den Abgrund!“[133]

„Das System muss fallen! Eine andere Lösung gibt es nicht!“[134]

„Genauso wie die Bösen immer böser werden, werden die Guten immer besser, und STÄRKER! Das Böse wird eines Tages verschwinden! Man darf sich nur nicht beugen lassen! Immer stark bleiben!“[135]

---

129 https://www.geistheiler-sananda.net/heiler-sananda/
130 https://www.geistheiler-sananda.net/heiler-sananda/
131 http://www.geistheiler-sananda.net/blog-aktuell/
132 http://www.geistheiler-sananda.net/blog-aktuell/
133 http://www.geistheiler-sananda.net/blog-aktuell/
134 http://www.geistheiler-sananda.net/blog-aktuell/
135 http://www.geistheiler-sananda.net/wissenswertes/

„Das Gute an allem ist, dass die Dunklen so [o]der so verlieren, und gehen müssen! Entweder durch euch, euch Menschen, oder durch die große Reinigung!“[136]

„Alles Böse auf der Welt muss nun weichen! Es reicht! Das Böse wird gehen müssen! WIR werden es gemeinsam verjagen von hier! Eure Zeit ist abgelaufen Ihr Teufel! Ihr werdet sterben! Es wird euch bald nicht mehr geben! WIR wollen euch nicht mehr hier haben! Verschwindet!“[137]

[136] http://www.geistheiler-sananda.net/blog-aktuell/
[137] http://www.geistheiler-sananda.net/blog-aktuell/

9. <u>Schöpfungslehre:</u>

„... ich [durfte] viele interessante Erkenntnisse über die Menschheit, deren Entstehung und Werdegang, sowie über das Universum und Gott gewinnen! Dieses Wissen kann man auch als Geheimwissen bezeichnen!“[138]

„Wir leben nun auf dem Planet der Affen meine Freunde!“[139]

„Gott hat jede Pflanze, jedes Tier und jeden Mensch[en] mit einer perfekten DNS ausgestattet. Wir müssen nur lernen, sie zu benutzen! Nach unserem Willen!“[140]

„Ich habe die Aufgabe, die Menschen und Tiere von ihren negativen Energien zu befreien!“[141]

„<u>Manifestation:</u> ... Ich bin vollkommen gesund, und es geht mir gut! Ich lebe in der absoluten Fülle, (Fülle ist bei mir sehr schnell erreicht!) ... Ich bin in meiner vollen Kraft, und alles was ich denke und sage, wird sofort zur Realität! Ich muss aufpassen, was ich sage und denke! Ich erschaffe mir meine Welt dadurch. Ich lebe im totalen Glück und in Frieden mit mir, mit allen, und allem was ist! Die Menschen, und auch die Tiere, lieben mich und respektieren mich! Mein Glück teile ich mit unglaublich vielen Menschen, in dem ich

---

[138] https://www.geistheiler-sananda.net/heiler-sananda/
[139] http://www.geistheiler-sananda.net/blog-aktuell/
[140] http://www.geistheiler-sananda.net/wissenswertes/
[141] https://www.geistheiler-sananda.net/heiler-sananda/

[i]hnen helfe das gleiche Glück zu erlangen, welches ich nun habe!“[142]

„Jeder Mensch könnte mit seiner Geisteskraft Gemüse oder Obst produzieren!“[143]

„`Geist erschafft Materie. Alles entsteht durch den Geist. Jede Wirkung hat ihren Anfang (Ursache) im Geist.´ (Geistheiler Sananda)“[144]

---

142 http://www.geistheiler-sananda.net/wissenswertes/
143 http://www.geistheiler-sananda.net/blog-aktuell/
144 http://www.geistheiler-sananda.net/blog-aktuell/

10. Theodizee:

„Leider haben lichtvolle Menschen auf diesem von der Dunkelheit beherrschten Planeten derzeit kein schönes Leben!“[145]

„… entgegen esoterische[r] New Age Verbreitungen [ist] nicht eine kleine Minderheit von 0,001% der Menschen dunkel …, sondern über 75% der Menschen [sind] derzeit dunkel, oder dunkel besetzt … und rund 25%, die nicht dunkel sind (INDIGOS und POSITIVE STERNENSAATEN) `schlafen´! Darum ist der Alltag für lichtvolle ERWACHTE Seelen derzeit schier unerträglich! Die Dunklen, und vor allem deren niedere Schwingungen, und deren niedere Verhaltens- und Denkweisen, sind für uns `Hellen´ kaum noch zu ertragen! Als Erwachter unter Schlafenden und Dunklen ist es manchmal wie in einem Albtraum!“[146]

„Es ist ein steiniger Weg den ich da gehe! Aber ich werde meine Aufgabe erfüllen, solange ich lebe, und mich nicht beugen lassen! Ich werde meinen Mund aufmachen …, solange ich lebe!“[147]

„Mein Leben ist geprägt von den unglaublichsten Herausforderungen, und es ist ein hartes Brot, das jeden Tag zu tun, was ich tue, und das zu erleben, was ich erlebe!“[148]

---

[145] https://www.geistheiler-sananda.net/heiler-sananda/
[146] https://www.geistheiler-sananda.net/heiler-sananda/
[147] https://www.geistheiler-sananda.net/heiler-sananda/
[148] https://www.geistheiler-sananda.net/heiler-sananda/

„Es ist ein Wunder, dass ich noch lebe! Liegt wohl an meinen geistigen Beschützern!“

„... [ich] ertrage dieses Unleben! Ich habe kein Leben, ich habe einen Job! Auch für meine Familie ist es nicht leicht, ständig mit ansehen zu müssen, wie ich attackiert werde ... Auch sie werden attackiert!“[149]

„Die Devise lautet: Widersetzen wo nötig, und ignorieren wo möglich!“[150]

„JEDER der auf dem Gottesweg ist auf dieser Erde wird bekämpft! Der eine mehr, der andere weniger. Aber Gott ist bei uns!“[151]

„`Kommt ein Mensch nach seinem Tod in den Himmel und trifft Gott! Der Mensch fragt ihn: >Gott, warum lässt du das alles zu, die vielen Kriege, die vielen Verhungernden, die vielen Missbräuche, die vielen armen Menschen, die viele Gewalt, die vielen Leidenden auf der Erde, den Raubbau an der Erde, warum lässt du das alles zu?< Da sagte Gott: >Das ist ja interessant, genau das gleiche wollte ich dich auch gerade fragen, warum lasst Ihr Menschen das alles zu?<´ (Geistheiler Sananda)“[152]

---

149 https://www.geistheiler-sananda.net/heiler-sananda/
150 https://www.geistheiler-sananda.net/heiler-sananda/
151 https://www.geistheiler-sananda.net/heiler-sananda/
152 http://www.geistheiler-sananda.net/blog-aktuell/

11. Hamartiologisches:

„… Angriffe und Provokationen der Dunkelheit zielen … darauf hinaus: [d]ass wir Fehler machen um uns dann selbst bloß zu stellen, und in schwierige Situationen zu bringen, oder selbst unser Werk zerstören."[153]

„Krankheiten (und Besetzungen) sind Botschaften!"[154]

„Der Mensch muss erst verstanden haben, warum er die Krankheiten (Besetzungen) bekam, und sein Verhalten, sowie seine Denkungsweise reflektieren! Meist geht es darum den Menschen zu erwecken, und ihn dazu zu bringen, sein Verhalten zu ändern! Ansonsten werden die Botschaften in Zukunft immer eindringlicher und massiver werden. Dies kann zum vorzeitigen Tod führen!"[155]

„Es ist eben so, wenn jemand zu lange besetzt war, meist die Nervenzellen total geschädigt sind, und eine komplette Heilung nicht mehr möglich ist! Viele Körper sind temporär fremdübernommen, viele auch total fremdübernommen! Wenn eine Besetzung zu lange auf den Geist und den Körper des Wirts einwirken kann, übernimmt diese Besetzung früher oder später den Wirt total. Das ursprüngliche Geistwesen in diesem Körper gibt es dann irgendwann einfach nicht mehr! Einige Jahre wechseln die Geistwesen sich quasi immer wieder ab, ein Kampf um den Körper findet statt! (Schizophrenie!) Der stärkere Geist (Besetzung)

---

[153] https://www.geistheiler-sananda.net/heiler-sananda/
[154] http://www.geistheiler-sananda.net/wissenswertes/
[155] http://www.geistheiler-sananda.net/wissenswertes/

verdrängt dann irgendwann den labileren! Der Komplettaustausch hat dann stattgefunden! Was bleibt ist die alte Hülle, mit einem total anderen Inhalt!"[156]

„Typisch für solche Fälle sind Aufenthalte in der Psychiatrie! Dort werden die Patienten mit Psychopharmaka vollgepumpt, und somit wird der Geist handlungsunfähig! Der Parasit (Dämon, Repto), die Besetzung kann auch ein anderes Geistwesen sein, hat so dann leichtes Spiel, den neuen Körper nach und nach total zu übernehmen! Das Problem an der Sache ist jedoch, dass der neue Mit-Bewohner den Körper nicht nachhaltig kontrollieren kann, die Energiequellen versiegen! Bedeutet: Der Mensch stirbt. Meist ist die Todesursache dann multiples Organversagen. Der Körper hat keine Energie mehr. Also die feindliche Übernahme endet leider meist mit dem Tod!"[157]

„Was ich hier beschreibe sind Fälle von Besessenheit! Die Steigerung von Besetzungen und Umsetzungen! Besessenheit ist quasi die Folge einer nie `behandelten´ Besetzung! Unbehandelte Besetzungen führen im Prinzip immer zum Tod!"[158]

„So wie ich das sehe, sind die meisten nicht mehr zu retten, und werden ihre Strafe, sorry Erkenntnisse, dann schon erhalten, aber nicht auf diesem schönen Planeten Erde ..."[159]

---

[156] http://www.geistheiler-sananda.net/wissenswertes/
[157] http://www.geistheiler-sananda.net/wissenswertes/
[158] http://www.geistheiler-sananda.net/wissenswertes/
[159] https://www.geistheiler-sananda.net/heiler-sananda/

„Wenn du an einer Krankheit oder sonstigen Störung deines Lebensflusses leidest, dann soll auch dir das etwas sagen! Es ist eine Mitteilung an dich!“[160]

„Wenn dich etwas bedrückt, krank macht, hindert am Leben, dann ist das nichts anderes als eine Mitteilung an dich! Dir soll etwas bewusst werden, und du sollst Erkenntnisse bekommen!“[161]

„Wer immer nach den gleichen Mustern handelt, wird immer die gleichen Resultate bekommen!“[162]

„`Die Wahrheit ist eine Zwiebel! Wenn man zu [i]hrem Kern durchdringen will, muss man sie schälen! Schicht um Schicht! Und je näher man dem Kern kommt, desto schmerzhafter wird es, und je mehr muss man weinen! Wenn man dann zum Kern durchgedrungen ist, vergehen die Schmerzen und das Weinen, und die Freude am Genuss erwacht. Vorbei sind dann die Zeiten der Ängste und des Schmerzes, des Leidens und des Weinens! Leider sträuben sich die meisten, eine Zwiebel zu schälen! Das überlassen [s]ie lieber den anderen!´ (Geistheiler Sananda)“[163]

---

[160] https://www.geistheiler-sananda.net/heiler-sananda/
[161] https://www.geistheiler-sananda.net/heiler-sananda/
[162] http://www.geistheiler-sananda.net/geistheilen/
[163] http://www.geistheiler-sananda.net/blog-aktuell/

12. Soteriologisches:

„Willst du in die Fülle kommen? Gerne zeige ich dir, was du bereinigen und ändern musst, damit sich dein Leben zum Positiven verändern kann! Die Fülle wird zu dir kommen, wenn du auf dem richtigen Weg bist! Wenn du das richtige tust, und das richtige Bewusstsein erlangt hast!“[164]

„Eine Behandlung durch mich ... kann durch meine hohe Schwingung, durch meine hohe Energie, die ich bin, dafür sorgen, dass der Klient im Bewusstsein rapide ansteigt (Aufstieg), und dadurch besser und schneller erkennen kann! Alte höhere Seelenverbindungen werden hergestellt!“[165]

„Ich kann dir bei der Wahrheitssuche und geistigen Ursachenforschung, sowie dem Finden und Umsetzen der Lösungen behilflich sein!“[166]

„Wissen ist auch hier Macht und kann Leben retten oder heilen, sowie Probleme dauerhaft beseitigen!“[167]

„Nicht jeder kann und wird geheilt werden! Gott entscheidet das! Das mal vorneweg!“[168]

---

164 http://www.geistheiler-sananda.net/wissenswertes/
165 http://www.geistheiler-sananda.net/wissenswertes/
166 https://www.geistheiler-sananda.net/heiler-sananda/
167 http://www.geistheiler-sananda.net/wissenswertes/
168 https://www.geistheiler-sananda.net/heiler-sananda/

„Ich kann nur den retten, der gerettet werden soll."[169]

„`Selbsterkenntnis ist der erste Weg zur Besserung! Erkenne dich selbst! Dann wirst du die Wahrheit finden! Die Wahrheit des Lichts wird dich heilen und befreien vom Leid!´ (Geistheiler Sananda)"[170]

---

169 https://www.geistheiler-sananda.net/heiler-sananda/
170 http://www.geistheiler-sananda.net/geistheilen/

13. Pseudoekklesiologisches:

„Es spielt absolut keine Rolle, ob und an welche Religion du glaubst!“[171]

„Schweizerische Bundesverfassung: Artikel 15 Glaubens- und Gewissensfreiheit: 1 Die Glaubens- und Gewissensfreiheit ist gewährleistet. 2 Jede Person hat das Recht, ihre Religion und ihre weltanschauliche Überzeugung frei zu wählen und allein oder in Gemeinschaft mit anderen zu bekennen. 3 Jede Person hat das Recht, einer Religionsgemeinschaft beizutreten oder anzugehören und religiösem Unterricht zu folgen. 4 Niemand darf gezwungen werden, einer Religionsgemeinschaft beizutreten oder anzugehören, eine religiöse Handlung vorzunehmen oder religiösem Unterricht zu folgen.“[172]

„Bezüglich der spirituellen Branche weltweit möchte ich dir auf jeden Fall folgendes sagen: 95% der gesamten esoterischen und spirituellen Branche wird von den Freimaurern kontrolliert.“[173]

„Sie ... wickeln dich um den Finger, erzählen dir das, was du hören willst, nicht das, was du hören sollst, um dich zu beruhigen und fehl zu leiten, damit SIE deine Seele und deine Energie bekommen, und du hier bleiben musst, da du dann nicht aufsteigen kannst. Und die (meisten) Menschen fallen darauf rein ...“[174]

---

171 http://www.geistheiler-sananda.net/geistheilen/
172 https://www.geistheiler-sananda.net/blog-aktuell/
173 https://www.geistheiler-sananda.net/heiler-sananda/
174 https://www.geistheiler-sananda.net/heiler-sananda/

14. Eschatologisches:

„Manche fragen mich, ob ich eine Genugtuung verspüren würde, da ich ja schon vor Jahren vor den heutigen, UND den noch kommenden Szenarien gewarnt habe. Nein, ich habe keine Genugtuung!!“[175]

„Schon vor … Jahren forderte ich die Menschen auf Vorräte anzulegen, und warnte vor `Viren´, und anderen kommenden Krankheiten! Und vor Mindcontrol! Auch warne ich seit Jahren vor der totalen Versklavung, und sprach oft von einem Gefängnisplaneten! Desweiteren spreche ich seit Jahren von der Zerstörung alles Göttlichen!“[176]

„Nein, ich verspüre keine Genugtuung! Ich verspüre eher eine Art Trauer, dass ich recht hatte. Und ich hoffe, dass ich bei meinen weiteren Prognosen falsch liege! Auch, wenn ich weiss, dass danach eine schönere Welt auf uns alle wartet!“[177]

„… [J]etzt ist Schluss damit! Dem Spiel wird nun ein Ende bereitet! Die Zeit der dunklen Wesen und ihren Manipulationen ist abgelaufen! Sie werden noch verzweifelt versuchen über ihre weltlichen Handlanger, die Geheimbünde, die Weltherrschaft zu erlangen, und die ganze Welt in Angst und Schrecken versetzen!“[178]

---

[175] http://www.geistheiler-sananda.net/blog-aktuell/
[176] http://www.geistheiler-sananda.net/blog-aktuell/
[177] http://www.geistheiler-sananda.net/blog-aktuell/
[178] https://www.geistheiler-sananda.net/heiler-sananda/

„Es könnte … passieren, dass vorher die göttlichen Lichtwesen im Auftrag Gottes eingreifen, und das dunkle Zeitalter Kali-Yuga endgültig beenden. Die Dunklen wissen, das[s] sie gegen die Lichtwesen nicht die geringste Chance haben, und ihre Zeit abgelaufen ist. Darum wird es derzeit immer schlimmer auf der Erde!“[179]

„Das sind keine New Age Phrasen, sondern 5000 Jahre alte vedische (altindische) Überlieferungen!“[180]

„Eine Zeitenwende ins Goldene Zeitalter, ohne Dunkelheit, steht bevor! Jedoch mit epochalen Umwälzungen zuvor! Die Menschen werden noch ganz tiefe dunkle Täler durchschreiten müssen, bis das Licht wieder herrscht auf der Erde!“[181]

„Die Menschen sollen spirituell werden! Es könnte eine Zeit kommen, wo nur mehr BETEN die Rettung sein wird!“[182]

„Leider kann ich nicht alles schönreden, WAS KOMMEN WIRD, wie es viele tun! Damit ist niemandem geholfen!“[183]

„Auch Noah wurde verteufelt, verspottet und verhöhnt, als er die Arche baute, und die Menschen warnte! Überlebt haben nicht viele!

---

179 https://www.geistheiler-sananda.net/heiler-sananda/
180 https://www.geistheiler-sananda.net/heiler-sananda/
181 https://www.geistheiler-sananda.net/heiler-sananda/
182 http://www.geistheiler-sananda.net/blog-aktuell/
183 http://www.geistheiler-sananda.net/blog-aktuell/

Die meisten wandten sich nach und nach ab von ihm! Es waren dann nicht mehr viele auf der Arche, als die Sintflut kam!“[184]

„Was nun bald geschieht, bzw. beginnt, ist das Ergebnis von (den letzten) 12000 Jahren Menschheitsgeschichte (seit der letzten Sintflut)! Die Menschheit wird ihr Schicksal einlösen!“[185]

„… dann wird es leider so kommen, wie ich es seit … Jahren voraussage! Dann wird diese Welt mit lautem Getöse beendet werden!“[186]

[184] http://www.geistheiler-sananda.net/blog-aktuell/
[185] http://www.geistheiler-sananda.net/blog-aktuell/
[186] http://www.geistheiler-sananda.net/blog-aktuell/

15. Reich Gottes:

„Gerne begleite ich DICH auf DEINEM Heimweg zu Gott, zu neuen kosmischen Welten, meine liebe Leserin, mein lieber Leser! Meine Freunde!“[187]

„Für alle, die an dieser Welt verzweifeln, nicht mehr weiter wissen! Ich möchte euch sagen, dass es nicht das Ende ist! Das Ende ist das Paradies, das auf uns wartet!“[188]

„Die Zeit der ERLÖSUNG (Reinigung) ist eingeleitet!“[189]

„Wir vertreten Gott auf Erden! Das ist meine Meinung!“[190]

„Der Unterschied für euch Menschen ist nur, welchen Übergang Ihr haben [werdet]! Ob es ein von euch gesteuerter, friedlicher Übergang, mit einer komplett neuen Welt wird, oder den anderen Übergang eben! Und diese Entscheidung findet JETZT statt!“[191]

„Wir haben es nun in der Hand, wie der Übergang aussehen wird!“[192]

„Meine neue Welt, die Welt, die ich erbaut hätte, und habe, wird aber kommen meine Freunde! Sehr bald!“[193]

---

187 https://www.geistheiler-sananda.net/heiler-sananda/
188 http://www.geistheiler-sananda.net/blog-aktuell/
189 http://www.geistheiler-sananda.net/blog-aktuell/
190 http://www.geistheiler-sananda.net/blog-aktuell/
191 http://www.geistheiler-sananda.net/blog-aktuell/
192 http://www.geistheiler-sananda.net/blog-aktuell/

„Ich freue mich auf die NEUE ERDE."[194]

„Wenn es nur noch Menschen gibt, die dem Licht dienen!"[195]

„Es wäre eine Welt voller Liebe und Freude."[196]

„Liebe Menschen, die neue Erde wird kommen, sie ist schon da, in euren Herzen! Wir sehen uns dort!"[197]

„Ich habe mich `informiert´! Dort wo die Indigos einmal sein werden, dort herrscht nur Ruhe, Freude, Liebe und Glück"![198]

„Es kommt die Zeit der Wunder! Gewöhne dich daran, dass es in Zukunft viele Wunder geben wird, auf allen Ebenen! Die Gnade Gottes rückt näher!"[199]

„`Wo die menschliche Wahrnehmung endet, beginnt die Wirklichkeit!´(Geistheiler Sananda)"[200]

---

193 http://www.geistheiler-sananda.net/blog-aktuell/
194 http://www.geistheiler-sananda.net/blog-aktuell/
195 http://www.geistheiler-sananda.net/blog-aktuell/
196 http://www.geistheiler-sananda.net/blog-aktuell/
197 http://www.geistheiler-sananda.net/blog-aktuell/
198 http://www.geistheiler-sananda.net/blog-aktuell/
199 http://www.geistheiler-sananda.net/geistheilen/
200 http://www.geistheiler-sananda.net/blog-aktuell/

16. Ewiges Leben:

„Meine Seele ist schon hier, seit es Leben gibt auf der Erde. Sie ist älter als die Erde selbst! Billionen von Jahren alt, und sie ist ein direkter Seelenaspekt der Urquelle!“[201]

„Diese hier und jetzt ist mit Sicherheit meine letzte Reinkarnation hier auf der Erde! Definitiv!“[202]

„In meiner Welt gäbe es spirituelle Mysterienschulen, und jeder Mensch wäre mit Gott verbunden!“[203]

„Jeder Mensch würde die Kunst der Telepathie und Levitation lernen, jeder wäre hellsichtig und könnte Gedanken lesen.“[204]

„Jeder Mensch würde sich nur dem Göttlichen zuwenden, und sich einfach an Gott und dem Leben erfreuen!“[205]

„`Es gibt kein Ende! Das Ende ist immer nur ein neuer Anfang, in der Ewigkeit des Jetzt!´(Geistheiler Sananda)“[206]

---

201 https://www.geistheiler-sananda.net/heiler-sananda/
202 https://www.geistheiler-sananda.net/heiler-sananda/
203 http://www.geistheiler-sananda.net/blog-aktuell/
204 http://www.geistheiler-sananda.net/blog-aktuell/
205 http://www.geistheiler-sananda.net/blog-aktuell/
206 http://www.geistheiler-sananda.net/blog-aktuell/

17. Prädestination:

„… es war ein langer und harter Weg, bis ich endlich meine wahre Bestimmung hier auf Erden wieder gefunden habe!"[207]

„Ich hatte schon immer die Gabe, das wahre Gesicht der Menschen zu sehen – das hinter der Maske – und [i]hre wahre Gesinnung zu erkennen, sowie ihr Verhalten vorauszuahnen!"[208]

„Es ist einfach nur ein Wunder, dass ich noch lebe! Und vor allem, dass ich immer noch so eine unglaubliche Lebensenergie in mir habe, und so einen Tatendrang! … Ich glaube, ich musste alle nur möglichen Niederungen des Lebens `erleben´, damit ich heute ein guter Ratgeber sein kann für Menschen, die einige dieser Phasen nun gerade durchmachen! Weil, es kann dich nur jemand verstehen, der es selber erlebt hat!"[209]

„Ich sehe es als meine Mission und meinen Job, und ich habe ja auch keine Wahl. Offensichtlich bin ich nicht hier inkarniert um einfach das Leben zu genießen!"[210]

„Die meiste Zeit meines (jetzigen) Lebens wusste ich nichts von meiner Bestimmung und meinen unglaublichen Fähigkeiten."[211]

---

[207] https://www.geistheiler-sananda.net/heiler-sananda/
[208] https://www.geistheiler-sananda.net/heiler-sananda/
[209] https://www.geistheiler-sananda.net/heiler-sananda/
[210] https://www.geistheiler-sananda.net/heiler-sananda/
[211] https://www.geistheiler-sananda.net/heiler-sananda/

„Eines steht auf jeden Fall fest: Für irgendjemanden bin ich unheimlich wichtig! Eine Gefahr, die unglaubwürdig gemacht werden muss!“[212]

„Ich bin ein besonderes Licht auf Erden, von Gott gesandt, und darum werde ich bekämpft, von den Motten!“[213]

„… ich [bin] die Benchmark … für alle! An mir scheiden sich die GEISTER! Die einen gehen den göttlichen Weg, die anderen den dunklen! Dafür bin ich da! Und wer sonst au[ß]er mir, könnte so polarisieren? Ich bin die Schere, die die Spreu vom Weizen trennt! Und an meiner Person können viele nun eine Entscheidung treffen!“[214]

„MICH können sie jedoch nicht mehr bremsen! Ich habe keine Angst und ich weiß JETZT um meine Stärken, und meine Fähigkeiten!“[215]

„Hier auf der Erde bin ich 3652 X reinkarniert, meist als Heiler, oder als Aufklärer, oft auch als Anführer! Man teilte mir mit, ich wäre ein hohes Lichtwesen, eine alte, weise Seele, und freiwillig als Mensch auf diesem Läuterungsplaneten inkarniert, um den Wahrheit suchenden Menschen hier zu helfen, wieder zurück zu finden, ins Licht, zu GOTT!“[216]

---

[212] https://www.geistheiler-sananda.net/heiler-sananda/
[213] https://www.geistheiler-sananda.net/heiler-sananda/
[214] http://www.geistheiler-sananda.net/blog-aktuell/
[215] https://www.geistheiler-sananda.net/heiler-sananda/
[216] https://www.geistheiler-sananda.net/heiler-sananda/

„Ich bin da um die Wahrheit suchenden Indigos, und die positiven Sternensaaten zu unterstützen! Und alle Menschen, die sich für das Licht und die Wahrheit entscheiden werden!“[217]

„Da du meine Seite hier gerade liest, will `man´ dir auf die Sprünge helfen! Ich kann dir helfen! Das ist meine Bestimmung und der Grund, warum ich hier bin! Die Menschen zu befreien von ihren negativen Energien! Ihnen auf der Suche nach dem eigenen ICH beiseite zu stehen!“[218]

„Da es keine Zufälle gibt auf Erden und im Universum – alles hat seinen Grund, und alles ist geordnet –, bist du auch nicht zufällig auf meiner Seite gelandet!“[219]

„Es gibt definitiv keine Zufälle!“[220]

„Es gibt eine höhere Macht, die alles steuert! Diese höhere Macht entscheidet!“[221]

„Gott hat das schon sehr lange entschieden!“[222]

„Eine höhere Macht hat dich auf meine Seite geführt, um dir zu helfen! Nimm diese Hilfe an!“[223]

---

[217] https://www.geistheiler-sananda.net/heiler-sananda/
[218] https://www.geistheiler-sananda.net/heiler-sananda/
[219] https://www.geistheiler-sananda.net/heiler-sananda/
[220] https://www.geistheiler-sananda.net/heiler-sananda/
[221] http://www.geistheiler-sananda.net/geistheilen/
[222] http://www.geistheiler-sananda.net/blog-aktuell/
[223] https://www.geistheiler-sananda.net/heiler-sananda/

„Um die hilfesuchenden Menschen und alle Indigos zu unterstützen hat mir die positive geistige Welt besondere Fähigkeiten, sowie zahlreiche Helfer und Helfershelfer zur Verfügung gestellt, sowie eine Kommunikationspforte zur positiven geistigen Welt geöffnet, einen Zugang zum kollektiven Unterbewusstsein. Dort ist alles mit allem, jeder mit jedem vernetzt."[224]

„Genaugenommen wirkt GOTT durch mich, aber das verstehen nur wenige Eingeweihte."[225]

„Jeder erfährt seine Aufgabe schon früh genug, um die er sich kümmern soll und muss! Das Leben wird es dir zeigen!"[226]

„Ich denke, man darf nie aufhören dankbar zu sein! Ich bin sehr dankbar für mein Leben! Auch, wenn ich nicht wirklich eines habe, aber ich bin sehr stolz darauf, dass ich diese Gaben habe, um viele Menschen glücklich machen zu dürfen! Ich bin dankbar, dass mich Gott für diesen Posten hierhergeschickt hat! Danke dafür!"[227]

„Ich danke dir mein Schöpfer, dass du mir diese Aufgabe gegeben hast, dass du, und deine kosmischen Energien durch mich wirken!"[228]

---

[224] https://www.geistheiler-sananda.net/heiler-sananda/
[225] https://www.geistheiler-sananda.net/heiler-sananda/
[226] http://www.geistheiler-sananda.net/blog-aktuell/
[227] http://www.geistheiler-sananda.net/wissenswertes/
[228] https://www.geistheiler-sananda.net/heiler-sananda/

18. Auferweckung:

„Besetzungen sind geistig gesehen Wecksignale! Und wer den Wecker eben dauerhaft nicht hört, wird abberufen! Der muss gehen, um es dann in einer neuen Inkarnation nochmals zu versuchen. Den Wecker dann zu hören!“[229]

„Es wird Zeit, dass wir alle aufwachen! Wacht auf! Dies ist ein Weckruf an euch! Wacht endlich auf!“[230]

„Mir geht es darum, Menschen zu erwecken und zu erreichen!“[231]

„Gib dir einen Ruck! Spring über dein Ego hinweg …!“[232]

„Ich mache meine Arbeit weiter, jeden Tag, diejenigen zu erwecken, die den Klang, den Weckruf meiner Seele hören können! Darum bin ich hier!“[233]

„Hör nicht auf die negativen Gedanken in dir (das bist nicht Du!), die dich abhalten wollen …! Oder hör auf sie, deine Entscheidung!“[234]

„Es geht um das Erwachen! Und nur die Wahrheit kann dich befreien! Und diese tut erstmal weh!“[235]

---

[229] http://www.geistheiler-sananda.net/wissenswertes/
[230] https://www.geistheiler-sananda.net/heiler-sananda/
[231] http://www.geistheiler-sananda.net/blog-aktuell/
[232] https://www.geistheiler-sananda.net/heiler-sananda/
[233] https://www.geistheiler-sananda.net/heiler-sananda/
[234] https://www.geistheiler-sananda.net/heiler-sananda/
[235] http://www.geistheiler-sananda.net/blog-aktuell/

„Es wird Zeit aufzuwachen Freunde! Jetzt! Sonst ist es vorbei!!“[236]

„Was ist hier anbiete ist auch eine Chance für dich aufzuwachen, und den Prozess deiner Seelenentwicklung aktiv zu beschleunigen! Du liest ja nicht zufällig meine Zeilen. Man hat dich hierher geschickt zu mir, damit du aktiv etwas unternimmst!“[237]

[236] http://www.geistheiler-sananda.net/blog-aktuell/
[237] http://www.geistheiler-sananda.net/geistheilen/

III. Verzeichnetes:

1. Bücher:

- Geistheiler Sananda, die unglaubliche Wahrheit über Indigo-Menschen!, Band I, Kreuzlingen / Schweiz, 2. Auflage, 2017; [Bd I].

- Ders., Schockierende Enthüllungen. Die unglaubliche Wahrheit über Indigo-Menschen!, Band II, Bottighofen / Schweiz, 1. Auflage, 2017; [Bd II].

- Ders., Durch die Dunkelheit zurück ins Licht! Die unglaubliche Wahrheit über Indigo-Menschen, Band III, Bottighofen / Schweiz, 1. Auflage, 2019; [Bd III].

2. Internetseite:

- www.geistheiler-sananda.net/agb/datenschutz
- www.geistheiler-sananda.net/blog-aktuell
- www.geistheiler-sananda.net/blog-archiv
- www.geistheiler-sananda.net/bruno_groening
- www.geistheiler-sananda.net/geistheilen
- www.geistheiler-sananda.net/heiler-sananda
- www.geistheiler-sananda.net/impressum
- www.geistheiler-sananda.net/indigos/sternensaaten
- www.geistheiler-sananda.net/infos_und_hinweise
- www.geistheiler-sananda.net/klientenfeedbacks
- www.geistheiler-sananda.net/klientenvideos
- www.geistheiler-sananda.net/kontaktanfrage
- www.geistheiler-sananda.net/leserbriefe

- www.geistheiler-sananda.net/meine_buecher

- www.geistheiler-sananda.net/parapsychologie

- www.geistheiler-sananda.net/reportagen

- www.geistheiler-sananda.net/sananda-treffen

- www.geistheiler-sananda.net/seelenbalsam

- www.geistheiler-sananda.net/spenden

- www.geistheiler-sananda.net/tv-auftritte

- www.geistheiler-sananda.net/verleumdungen

3. Interviews bzw. TV-Auftritte:

A) Interviews bzw. TV-Auftritte 2015:

- Interview mit Norbert Brakenwagen vom 05.01.2016 beim Schweizer Privatfernsehen „Schweiz 5“: „Heiler, Geisterjäger und Exorzist!“

- Interview mit Norbert Brakenwagen vom 19.02.2015 beim Schweizer Privatfernsehen „Schweiz 5“: „Exorzist, Geistheiler und Indigo!“

- Interview mit Robert Fleischer vom 13.07.2015 bei „Welt im Wandel TV“: „Sananda: Geistheilung, Exorzismus, Außerirdische!“

- Interview mit Jo Conrad vom 18.12.2015 bei „Bewusst TV“: „Indigos & Reptiloide in Menschengestalt!“

B) Interviews bzw. TV-Auftritte 2016:

- Interview mit Wulfing von Rohr vom 05.01.2016 bei „Welt im Wandel TV“: „Die unglaubliche Wahrheit über Indigo-Menschen!“

- Interview mit Thorsten Schmitt vom 20.02.2016 bei „Extremnews“: „Geistheiler Sananda: Rette sich, wer kann!“

- Interview mit Michael Friedrich Voigt vom 03.04.2016 bei „Querdenken-TV“: „Sananda: Indigo-Menschen und Reptiloiden!“

- Interview mit Thorsten Schmitt vom 26.08.2016 bei „Extremnews“: „Geistheiler Sananda: Erlöse uns von den Bösen!“

C) Interviews bzw. TV-Auftritte 2017:

- Interview mit Wulfing von Rohr vom 17.02.2017 bei „Unglaubliche Spirituelle Wahrheiten TV“: „Geistheiler Sananda: Ich sehe was, was du nicht siehst!“

- Interview mit Wulfing von Rohr vom 21.07.2017 bei „Unglaubliche Spirituelle Wahrheiten TV“: „Schockierende Enthüllungen über die Zukunft der Menschheit! – Sananda“

- Interview mit Wulfing von Rohr vom 16.08.2017 bei „Unglaubliche Spirituelle Wahrheiten TV“: „Erschütternde Erkenntnisse über die Zukunft der Erde! – Sananda“

D) Interviews bzw. TV-Auftritte 2018:

- Interview mit Wulfing von Rohr vom 12.01.2018 bei „Unglaubliche Spirituelle Wahrheiten TV“: „Mindcontrol – Dringender Aufruf an die Menschheit! – Sananda“

- Interview mit Norbert Wanker vom 21.03.2018 bei „Unglaubliche Spirituelle Wahrheiten TV“: „Warum haben manche Menschen so ein schweres Leben? – Sananda“

- Interview mit Norbert Wanker vom 20.06.2018 bei „Unglaubliche Spirituelle Wahrheiten TV“: „Warum fremd unsichtbare Wesen das Leben von manchen Menschen zerstören! – Sananda“

- Interview mit Norbert Wanker vom 27.09.2018 bei „Unglaubliche Spirituelle Wahrheiten TV“: „Wie überlebt man als gute Seele in einer kranken, herzlosen und pervertierten Gesellschaft? – Sananda“

E) Interviews bzw. TV-Auftritte 2019:

- Interview mit Norbert Wanker vom 02.01.2019 bei „Unglaubliche Spirituelle Wahrheiten TV“: „Befreiung von Besetzungen, schwarzer Magie, Voodoo, Flüchen und anderem Übel! – Sananda“

- Interview mit Norbert Wanker vom 02.04.2019 bei „Unglaubliche Spirituelle Wahrheiten TV“: „Warum leiden so viele Menschen in ihrer Partnerschaft, in Familie und Beruf? – Sananda“

- Interview mit Bruno Würtenberger vom 06.10.2019 bei „FreeSpirit TV Schweiz“: „Sie sind da!“ Teil 1/2

- Interview mit Bruno Würtenberger vom 06.10.2019 bei „FreeSpirit TV Schweiz“: „Sie sind da!“ Teil 2/2

- Interview mit Norbert Wanker vom 09.10.2019 bei „Unglaubliche Spirituelle Wahrheiten TV“: „Durch die Dunkelheit zurück ins Licht – Sananda“ Teil 1/2

- Interview mit Norbert Wanker vom 09.10.2019 bei „Unglaubliche Spirituelle Wahrheiten TV“: „Durch die Dunkelheit zurück ins Licht – Sananda“ Teil 2/2

- Interview mit Norbert Wanker vom 23.10.2019 bei „Unglaubliche Spirituelle Wahrheiten TV“: „Hört endlich auf, Tiere zu töten und zu essen! – Sananda“

F) Interviews bzw. TV-Auftritte 2020:

- Interview mit Peggy Rockteschel vom 26.02.2020 bei „Welt im Wandel TV“: „Steht uns das Ende der Menschheit bevor? Die unglaublichen Prophezeiungen des Sananda“

- Interview mit Norbert Wanker vom 11.03.2020 bei „Unglaubliche Spirituelle Wahrheiten TV“: „Droht die totale Vernichtung der Menschheit? – Sananda“

- Interview mit Peggy Rockteschel vom 15.05.2020 bei „Welt im Wandel TV“: „Das Erwachen der Menschheit: Finaler Kampf zwischen Gut & Böse – Sananda“

4. <u>Klientenvideos bzw. „Sananda-Treffen“:</u>

- 1. Sananda-Treffen im September 2015 in Überlingen am Bodensee mit Wulfing von Rohr: „Geistheiler Sananda – Die Heilungen sind nicht aufzuhalten!“

- 2. Sananda-Treffen im Mai 2016 in München mit Jo Conrad: „Geistheiler Sananda – Klienten packen aus!“

- 3. Sananda-Treffen im Oktober 2016 in München mit Wulfing von Rohr: „Geistheiler Sananda – Die unglaublichen Heilerfolge des Geistheilers Sananda!“

- 4. Sananda-Treffen im April 2018 am Bodensee mit Wulfing von Rohr: „Geistheiler Sananda – Der mysteriöse Mann mit den unfassbaren Heilkräften!“

- 5. Sananda-Treffen im Mai 2019 am Bodensee mit Wulfing von Rohr: „Geistheiler Sananda – Die unfassbaren Wunderheilungen durch den Geistheiler Sananda! – Teil 1“

- 5. Sananda-Treffen im Mai 2019 am Bodensee mit Wulfing von Rohr: „Geistheiler Sananda – Die unfassbaren Wunderheilungen durch den Geistheiler Sananda! – Teil 2“

- 5. Sananda-Treffen im Mai 2019 am Bodensee mit Wulfing von Rohr: „Geistheiler Sananda – Die unfassbaren Wunderheilungen durch den Geistheiler Sananda! – Teil 3“

Printed by Books on Demand GmbH, Norderstedt / Germany